바람처럼 그렇게

신성종 다섯번째 시집

바람처럼 그렇게

창조문예사

| 서문 |

다섯 번째 시집을 내면서

　시를 쓴다는 것은 저의 행복입니다. 괴로울 때, 슬플 때 언제든 시만 쓰면 금세 행복해지기 때문입니다. 저는 아직도 솔직히 시가 뭔지, 왜 써야 하는지 잘 모릅니다. 그저 제 삶의 한 장면처럼 사진 같은 추억으로 그냥 찍을 뿐입니다.
　사진을 찍고 보면 제 얼굴이 잘 나오면 좋고, 아무리 좋은 사진도 제 얼굴이 잘못 나오면 기분이 언짢습니다. 저의 시 역시 남들이 뭐라고 평하든 개의치 않습니다. 잘 썼다고 해도 우쭐대지 않고, 또 못 썼다고 해도 실망하지 않습니다. 제가 좋아서 쓴 것이기 때문에 다 제 눈에는 자식처럼 귀할 뿐이고 예쁠 뿐입니다.
　솔직히 저의 모든 시는 제 영혼의 사진들입니다. 생각의 변화와 모습을 그린 것이기 때문에 다른 것은 몰라도 진솔함이 있습니다. 저의 영혼과 눈물이 있습니다.

저의 애정이 서려 있습니다.

   이번에도 임만호 장로님께서 제 시집을 펴내 주신 것에 감사하고 편집실 임영주 님과 편집진이 열심히 편집해 준 것에 대해 마음 어린 감사를 드립니다. 새해에 아주 바쁠 터인데 수고해 주셨습니다.

   저의 시를 읽어 주시는 모든 분들에게 감사를 드리고, 새해에 복 많이 받으시기를 기도합니다.

20013년 1월 끝자락에서
일조 신성종

| 차례 |

• 서문   4

1부 | 미완성의 완성

15 • 관심
16 • 단절
18 • 남기고 싶은데
19 • 맴도는 인생
20 • 한번 해 보는 거야
21 • 휴가
22 • 인생은
23 • 운명의 줄
24 • 왔다리 갔다리
25 • 영원한 것
26 • 사람은 죽어서 말한다
27 • 미완성의 완성
28 • 속도
29 • 순간인데
30 • 산다는 것은
32 • 잔주름
33 • 정

아버지의 얼굴 | 2부

나를 슬프게 하는 것 • 37
과거로부터 온 친구들 • 38
고독은 • 40
집으로 가는 길 • 42
아버지의 얼굴 • 43
아내 • 44
나의 안해 • 45
바리스타의 고백 • 46
동창회 • 48
별처럼 그렇게 • 49
큰 꿈 가지세요 • 50
청년아 • 52
당신은 나의 시입니다 • 53
된장찌개 • 54
커피의 향내 • 55
커피 한 잔 • 56
그리운 누님 • 57
고독한 나그네 • 58
잠 못 이루는 밤에는-1 • 59
잠 못 이루는 밤에는-2 • 60
나의 행복 • 61
침묵의 노래 • 62

3부 | 하루의 꿈

65 • 상처-1
66 • 상처-2
67 • 선택이란
68 • 신호등이 안 보일 때
69 • 망각
70 • 미움
71 • 분노
72 • 의미와 무의미
73 • 자존심
74 • 하루의 꿈
75 • 제자리
76 • 책임
77 • 추락에는 날개가 필요 없다
78 • 침묵의 언어
79 • 후회
80 • 침묵
82 • 함께하면
83 • 독방

바람처럼 그렇게 | 4부

강물 소리 들으며 • 87
나무가 되고 싶어요 • 88
나는 알 수 있어요 • 90
낙엽 소리 들으며 • 91
온통 파랗기를 • 92
다리 • 93
문 앞에 누구 있나 • 94
미꾸라지 한 마리 • 95
바다는 • 96
바람과 비 • 97
바람으로 찾아오는 임 • 98
바람이고 싶어요 • 99
바람처럼 그렇게 • 100
밤 • 101
밥 • 102
봄이 오는 길목에는 • 103
봄이 오는 길목에서 • 104
소나기 • 105
소나무 • 106
좋고 좋구나 • 107
소낙비 • 108
함박꽃 • 109
호수 • 110
환영회 • 111

5부 ▌ 내가 할 수 있는 건

115 • 혼자 설 수 없어요
116 • 경건의 시간
117 • 기도
118 • 내가 할 수 있는 건
119 • 눈물-1
120 • 당신은 나의 전부입니다
121 • 당신은 어디 계시나요
122 • 만남
123 • 미소를 지으세요
124 • 바보
125 • 빈 마음
126 • 사랑하는 나의 아버지
127 • 침묵 속에서
128 • 십자가
130 • 어둠 속에서
132 • 소중한 당신
133 • 이력서
134 • 주님 나를 잡아 주세요
135 • 훨훨 다니고 싶어요
136 • 아무것도 몰라요

# 그리움 때문에 | 6부

죽고 싶을 만큼 • 141
사랑-1 • 142
사랑-2 • 143
사랑이란 • 144
사랑의 화살 • 145
사랑의 굴레 • 146
사랑은 환상인가 봐 • 147
사랑은 운명인가 봐 • 148
작은 소원 있어요 • 150
세상은 아름답다 • 152
임은 갔습니다 • 153
기다림-1 • 154
기다림-2 • 155
기다리고 있는 건 • 156
그저 좋아요 • 158
그대 있으매 • 159
너무 슬퍼하지 마세요 • 160
남기고 싶은 것은 • 161
길목에 서면 • 162
그리움 때문에 • 163

7부 ┃ 착각 속에서

167 • 천사원
168 • 천사원에서
169 • 천사원의 노래
170 • 성탄절 아침에
171 • 인더스의 강물
172 • 착각 속에서
174 • 쥐와의 전쟁
175 • 쥐
176 • 벌레들의 시위
177 • 도마뱀
178 • 눈물
179 • 까마귀 소리
180 • 까마귀
181 • 겁 많은 전기
182 • 개 팔자 상팔자

1부

미완성의 완성

관심 • 단절 • 남기고 싶은데 • 맴도는 인생 • 한번 해 보는 거야

• 휴가 • 인생은 • 운명의 줄 • 왔다리 갔다리 • 영원한 것 • 사람

은 죽어서 말한다 • 미완성의 완성 • 속도 • 순간인데 • 산다는 것

은 • 잔주름 • 정

관심

인간관계는
관심에서 시작해
관심에서 끝난다
어떤 관심 가지느냐에 따라
사랑도 미움도 하고
친구도 변한다

조금만 관심의 각도 달리하면
사랑할 수 있는 것을
죽을 때까지 미워하기도 하니
결국 세상의 모든 건
다 관심의 소산이다.

단절

지금은 단절의 시대
부부 간은 물론
부모 자식 간에도
단절의 아픔이 있다
가족은 물론 모든 사회가
이 단절의 병을 앓고 있다

단절을 치유하는 것이 사랑이라면
그 사랑은 무엇인가
주는 것이라고 생각했지만
그것이 거절되었을 때
미워하게 되는 아픔은 어디서 오나
사랑의 위선 때문인가

그러기에 사랑이란 상대방을
있는 그대로 받아주고
이해하는 것
그것이 참사랑이요

단절의 아픔을 해결해 주는
지름길이다.

남기고 싶은데

한번 왔다 떠나갈 때
무언가 남기고 싶은데
아무리 생각해도 하나도 없네요

그냥 가기엔 너무 죄송하고
후손들에게 무언가 주고 싶은데
아무리 살펴봐도 아무것도 없네요

남은 건
여기저기 낙서한 글들과
무언가 만들다가 만
너무도 보기 흉한 상처들뿐
이제는 무언가 남기려는
그 욕심만이라도 지우고 싶네요
뒤에 오는 사람들한테
폐라도 끼치지 않는
그런 사람이고 싶어요.

맴도는 인생

다람쥐 쳇바퀴 돌듯
맴도는 인생
오늘도 새로운 것 찾지만
끝없는 반복뿐

세월은 끝없이 흘러가는데
모든 것 흐르고 흘러가는데
진실은 무엇이며
가치는 있는가
맴돌다 끝난다면
어디로 가서
무엇을 찾아야 하나
알고도 모르고도
맴도는 인생.

한번 해 보는 거야

인생살이 어렵다지만
한번 해 보는 거야
못할 게 어디 있어
하면 되는 거지

지금까지 다 그렇게 살아왔잖아
그런데 왜 못한다고 해
못할 건 없는 거야
모든 건 하면 되는 거지

중요한 건 마음먹기 달렸어
그러니 한번 부딪쳐보라고
일백 번 도전해서 안 되는 게 어디 있나
한번 해 보는 거야
죽을힘 다해 그냥 해 보는 거야.

휴가

경치 좋은 곳에 멀리 가고
돈 많이 쓰며 잘 먹어야
휴가가 아니어요

반복되는 삶의 틀에서
벗어날 수 있다면
어디서 무엇을 하든
그것은 아름다운 휴가랍니다

이런 휴가 즐길 수 있는 사람만이
여유 있는 인생을 즐길 수 있어요.

인생은

인생은 한 구름 조각배
바람 불면 방향 잡지 못해
요동치다가도
잠잠해지면
큰 꿈 가지고 대양으로 간다

온종일 달려 보지만
본래 있었던 곳 맴돌았을 뿐
기력 다하면 항해는 끝나는데
큰 꿈도 깨고 나면
변한 것 없는데
다음 날도 소년은 같은 일 반복한다
피곤도 잊은 채 내일을 향해.

운명의 줄

인간에게 운명이 있다면
그 줄은 어디서 시작하여
어디서 끝나나
모두가 그 줄에 끌리어
날마다 가고 있는데
나는 어쩌다 여기까지 왔는가
앞으로 나는 어디로 갈까
내 스스로 만든 줄인 줄 알았는데
그것이 임의 섭리의 줄이라면
어디든 무엇이든 따라가리라.

왔다리 갔다리

그것은 저의 별명입니다
왔다 싶어 전화하면 없고
갔다 싶어 연락 없으면 전화 오고
바람처럼 왔다
바람처럼 가 버리는
왔다리 갔다리입니다

어제에 얽매이지 않고
내일의 꿈도 접은 채
오직 오늘만을 충실히 살아가는
왔다리 갔다리입니다.

영원한 것

이 세상 어디에도
영원한 것도 의미 있는 것도 없고
모두가 살아 있는 동안의 환상일 뿐
잠시 후에는 그것마저도 사라진다
그런데도 사람들은 그게 영원하다고
미친 듯 일한다
그러는 순간에도 가슴의 정열은 식어 가고
손은 점점 둔해지고
이렇게 살다가 가는 나그네인데
도대체 무얼 위해 살고 있는가
바다의 물거품 같은 인생 아닌가
그러니 오늘 하루만이라도
꽃 심고 노래하며 살아가리라.

사람은 죽어서 말한다

살아서 한 모든 말
바람 되어 사라지지만
죽어서 남긴 말
산 되고 물 되어
영원히 남아요

살아서 말 많이 한 사람
죽어서 할 말 없지만
죽어서 한 말은
몸으로 보여준
아름다운 덕이랍니다

살아서 한 모든 말
강이 되어 흘러가지만
몸으로 한 말은
역사의 바다에 기록됩니다.

미완성의 완성

다 이루었다 싶어
뒤돌아보면
아직도 미완성일 뿐
숨가쁘게 살아온 날들인데
결국 미완성으로 끝난다

죽음으로 끝난다고
생각하지만
그것도 완성 아닌
미완성일 뿐
그래서 인생은 살맛이 난다.

속도

인생의 속도는
나이 따라 나이 숫자만큼
빨리 달린다

그러다 고장이라도 나면
하루가 십 년처럼 지루해진다
그래서 인생은
기대도 좌절도 한다

이제는 인생의 속도를
조절할 수 있는 나이인데도
아직도 못하는 것은
수많은 변수 때문
그러기에 인생은 살맛이 난다.

순간인데

사람이 죽고 사는 것 순간인데
그 순간 속에서
영원을 꿈꾸는 인간
얼마나 놀라운가
하지만 그것도 순간
결국 모든 것은 무일뿐
남는 것 없네

성공과 실패도 순간인데
뭔가 이루기 위해
몸부림치는 인간
그 얼마나 허무한가
결국 모든 것은 무일뿐
남는 것 없네.

산다는 것은

산다는 것은 때때로
두 날개 잃은 새처럼
암담하게 보이지만
그래도 그것은 축복입니다

세상엔 새처럼
훨훨 나는 사람도
동물처럼
뛰어다니는 사람도
벌레처럼
기어다니는 사람도 있습니다

그러니 한 가지 잣대로
모든 것을 재고
생각하는 것은 편견입니다

질병으로 고통 당하고
가난으로 고달픈 삶 살아도

살아 있다는 것은
아직 희망은 있기에
행복이요 축복입니다.

잔주름

잔주름이 생기는 것은
늙어서가 아니라
흘렸던 눈물의
골짜기입니다

잔주름은 누구에게나
생기는 것이 아니라
살아온 날들의
영광의 메달입니다.

정

정이란 죽음과 삶을 넘나드는 바람
자주 임께 사랑을 고백하지만
그것은 입술뿐
마음은 세상 영광만 구하네
언제 진정한 사랑을 할 수 있나

정은 마음만이 아닌데
눈길과 발길 가는 대로
오가는 정
주어야 그것이 정인데
시작도 끝도 없는
그곳이 정의 현주소 아닌가.

2부

아버지의 얼굴

나를 슬프게 하는 것 • 과거로부터 온 친구들 • 고독은 • 집으로

가는 길 • 아버지의 얼굴 • 아내 • 나의 안해 • 바리스타의 고백 •

동창회 • 별처럼 그렇게 • 큰 꿈 가지세요 • 청년아 • 당신은 나의

시입니다 • 된장찌개 • 커피의 향내 • 커피 한 잔 • 그리운 누님 •

고독한 나그네 • 잠 못 이루는 밤에는-1 • 잠 못 이루는 밤에는-2

• 나의 행복 • 침묵의 노래

나를 슬프게 하는 것

길거리에서 친구들을 만나면
초라하게 늙어 가는 그들의 모습이
나를 한없이 슬프게 한다

그러다 친구들 중 누가 죽었다는
소식을 들을 때에는
이게 꿈이 아닌가 하고
내 귀를 의심도 해본다

언제나 도전과 열정으로만
살아왔던 나는
아직도 망상 속에서 살지만
사진을 볼 때면
어느새 친구들처럼
초라해지는 모습
겹겹이 쌓인 사진첩만큼
수많은 기억들이
나를 슬프게 한다.

과거로부터 온 친구들

가끔은 과거에서 온
친구들을 만납니다
그들은 소리치지도
말하지도 않지만
그러나 그 소리는
들을 수 있습니다

내게 들려주는 말에는
결코 거짓이 없습니다
자신에 대해서도
변명하지 않고
있는 그대로 말합니다

과거로부터 온 친구들은
현재보다 미래에 대한
관심이 더 많습니다

그러기에 지금의 친구보다

그들을 더 좋아합니다
결코 멀리 가지 않아도
전화 없이도 언제 어디서나
만날 수 있기 때문입니다.

고독은

고독은
사랑할 대상이
없어서가 아니라
누구를, 무엇을 사랑할지
선택하지 않았기 때문입니다

누구라도 사랑하면
고독은 안개처럼
금방 사라집니다

하늘의 별도 밤의 달도
우리의 눈길을
언제나 기다리고 있습니다

고독은 하늘만큼이나
가까이 있지만
사랑하는 순간 사라집니다

우리의 손짓 하나만으로도
고독은 금방 친구가 됩니다.

집으로 가는 길

누가 기다리는가
모두들 서두른다
집으로 가지 않고
헤매는 사람들은
가족 없는 사람들인가

집으로 가는 길은
항상 분주하다
만나는 기다림 속에서
빨리 가려고
이리 뛰고 저리 뛰고
집으로 가는 길은
피곤에 지쳐도
항상 행복하다.

아버지의 얼굴

어느 날 나는 우연히
거울을 보았네
거기서 돌아가신
아버지의 얼굴을 보았지
내 얼굴 보려 했지만
거울엔 오직 아버지의 얼굴만 보일 뿐
나의 젊은 패기의 모습은 온데간데없고
아버지만 보였어
나를 보며 만나고 싶다는 듯
미소까지 지었어
이렇게 세월은 흐르고 흘러
아버지만 오고 가시네.

아내

항상 마음에 있는 안해
집에 오면 언제나
해처럼 환히 웃어요

함께 있을 때는 안내
나가면 언제나
안내해 줘요

걸림돌 되는 건 안해
언제나 남을 먼저 생각해요
그래서 나는 안해라 부른답니다.

나의 안해

나의 연인
나의 어머니
나의 누이야
내가 당신을
뭐라 불러야 하나
이도저도 아니라면
안해라 부를게.

바리스타의 고백

내가 할 수 있는 건
오직 커피 만드는 것뿐
아침마다 당신 위해
기계로 만든 커피 아닌
손으로 만든 커피를
만들어 드리겠습니다

내가 가장 잘하는 것이
커피 만드는 것이기에
커피로 나의 사랑
보여드리겠습니다
온종일 당신의 입술과
당신의 온몸 어디서나
내가 만든 커피 향내로
가득 차게 하고 싶습니다

당신이 깊이 잠들 때면
저는 먼발치에서나마

당신의 커피 냄새와 함께
커피의 꿈을 꾸고 싶습니다.

동창회

그처럼 보고팠던
친구, 내 친구야
함께 꿈 심던 고향에 오니
옛 얼굴은 온데간데없고
할아버지들만 모였네
그나마 많이들 어디 가고
보이지 않으니
그래서 인생을 꿈이라 했던가.

별처럼 그렇게

주님의 오른손에 있는
존귀한 일곱 별 되어
밤하늘의 별처럼
그렇게 비치리라

세상 끝날까지
함께 있으마 하신
그의 약속 믿고
광야 어둠 속
길 잃은 영혼들에게
소망의 새벽별 되어
바람처럼 노래하며
별처럼 그렇게
그렇게 살아가리라.

- 사랑하는 벗의 명예박사 학위를 축하하면서

2010년 6월 4일

일조─助 신성종

큰 꿈 가지세요

큰 꿈 가지세요

새해에는 큰 꿈 가지세요
세상을 품에 안는
그런 꿈 말입니다
세상은 꿈꾸는 자의
것이기 때문입니다

작은 일에 연연하지 말고
하나님 주신
저 높은 곳을 향하여
사명에 충실하세요

때로는 구름 끼고
비오는 날 있다 해도
그 위에 빛나는 태양을 보며
멀리 보이는 정상까지
너무 빨리도

느리지도 말고
오르고 또 오르면
언제인가 세상이
환히 보일 겁니다.

청년아

꿈이 없는 청년은
청년이 아닙니다
청년이란 나이가 아니라
꿈과 비전입니다

그대 꿈 없고
비전 없으면
그대는 이미 노인입니다
왜 그대에게 주어진
그 값진 젊음을
헌 옷처럼 버리십니까
지금이라도 늦지 않으니
다시 시작하세요
꿈이 없는 청년은
이미 청년이 아니기 때문입니다.

당신은 나의 시입니다

사람들은 어떻게 시 쓰냐고 묻지만
나는 시 쓴 적 없어요
시가 날 만들어 가고
시가 날 이끌어 갈 뿐이에요
나의 시는 오직 그 임의 초상화
당신의 사진입니다
그 임과의 속삭임 속에서
나는 아름다운 노래와
황홀한 그림을 그리며
술 취한 사람처럼 춤을 춥니다
당신은 나의 시
나의 노래, 나의 그림
나의 모든 것입니다.

된장찌개

고향에 온 것처럼
구수한 냄새가
입으로 들어가면
가마 타고 시집간
누나가 보인다

언제 와도 정겨운
고향처럼
언제 먹어도
매번 맛이 다르다

아기 가진 엄마의 배처럼
불룩한 항아리에서 떠 온
몇 숟갈의 된장이
이렇게 큰 기쁨을 주는 것은
그 속에 엄마의 정성이
겹겹이 담겨 있기 때문이리라.

커피의 향내

임에겐 항상
커피의 향내가 난다
옷과 몸은 어디서나
커피 냄새가 배어 있다

말을 할 때도
입에서 커피 향내가 난다
듣는 이들을 상쾌하게 해주고
푹 자고 난 아침처럼
맑게 씻어 준다

마치 에스프레소나
마끼아또를 마신 것처럼
정신을 말갛게 하고
썩은 주변의 냄새를 제거해 준다.

커피 한 잔

아침의 커피 한 잔 속에서
어머니의 따뜻한 손길을
느낄 수 없다면
아직도 당신은
커피의 맛을 모르는 것입니다

한낮의 커피 한 잔 속에서
고향의 내음을
맡을 수 없다면
아직도 당신은
커피의 맛을 모르는 것입니다

커피 한 잔에는
어머니의 따뜻한 손길도
고향의 내음도
다 들어 있답니다.

그리운 누님

그립다 그리워
못내 그리워
이루지 못해
더욱 그리워

봄이면 언제나 철쭉꽃 되어
앞산에 찾아오는 누님처럼
립스틱 붉게 물들이네

밤마다 소쩍새 되어
임 부르다
새벽이면 떠나는
그 소리가
봄밤이면 언제나
찾고 또 찾아오네.

고독한 나그네

임이 나와 함께하는데
왜 이처럼 외로운가
임이 날 사랑하는데
왜 이처럼 슬픈가

소라처럼 내 속에 갇혀
밖을 보지 못하기 때문 아닌가

젖무덤만 찾던 아가가
서 있는 엄마를 보지
못하기 때문 아닌가

밖에는 비가 와도
세상은 여전히 아름답고
태양은 구름 위에 빛나고 있으니
결코 혼자가 아닌데
왜 나는 외로워하나.

잠 못 이루는 밤에는-1

잠 못 이루는 밤에는
詩라는 묘약이 있다
어떤 시련 속에서도
마음을 안정시켜 주고
어떤 사람과도
마음을 나눌 수 있다

잠 못 이루는 밤에는
詩라는 친구가 있다
아무리 바빠도
아무리 싫어도
언제나 미소로 반겨 준다.

잠 못 이루는 밤에는 - 2

시가 없었다면
잠 못 이루는 밤은
정말 지겨운 지옥이었을 겁니다
그러기에 시의 친구가 있어
잠 못 이루는 밤에도
그 친구와 함께
새처럼 하늘을 날고
물고기처럼 바닷속을
다닐 수 있어
결코 외로움도 없습니다
그러기에 시는 나의 반려자
영원한 연인입니다.

나의 행복

부유해서도
성공해서도
아니랍니다
임이 함께 계신 것만으로
그저 행복합니다

비바람 몰아치고
온 세상 어두워도
내게는 임의 얼굴만
보이면
너무너무 행복합니다.

침묵의 노래

소리가 없다고
뜻이 없는 건 아닙니다
침묵 속에서도
사랑의 진동이나
임의 마음은 전달됩니다

침묵하는 사람만이
참마음으로
임을 대할 수 있습니다

침묵 속에서 전달되는
임의 마음은
오늘도 나를 황홀케 하고
봄 이슬처럼 촉촉이
적셔줍니다.

3부

하루의 꿈

상처-1 • 상처-2 • 선택이란 • 신호등이 안 보일 때 • 망각 • 미움 •

분노 • 의미와 무의미 • 자존심 • 하루의 꿈 • 제자리 • 책임 • 추락에

는 날개가 필요 없다 • 침묵의 언어 • 후회 • 침묵 • 함께하면 • 독방

상처-1

아무리 해도
없앨 수 없는 상처가 있다
보복해도 용서해도
어쩔 수 없는 상처가 있다
잊는 길밖에는 없는데
잊을 수 없는 그 상처는
시간에 맡겨야 하나
시간이 해결할 수 없는
기억은 아무것도 없다는데
기억상실증이 아니라 해도
누구에게나 잊을 수 있는 것은
그가 주신 최고의 축복이다.

상처-2

남들 보기에는
아무렇지도 않은데
왜 나만 혼자서 아파야 하나
하루도 아니고 매일을 하루같이
잠 못 이루는 밤이
너무도 길구나
내게도 아침은 오는가
태양이 떠오르면 상처도 나으련만
밤이 너무도 너무도 길구나.

선택이란

선택이란 언제나 기쁘고도 슬픈 것
하나를 얻을 수 있어 기쁘고
하나는 잃어야 하니
슬픔이 따라온다

해가 지면 바다에서 조개 줍던
모든 아이들 집으로 돌아갈 때
손에는 아무것 가진 것 없어도
그래도 하루 종일 열심히 줍는 건
잠시나마 몰두하는 기쁨 때문이다

그래서 언제나 선택을 두려워하지만
그것을 둘 다 잃어야 하는
더 큰 슬픔이 있다
오늘도 소년은 선택 속에서
깊은 상념에 잠겨 앞산만 바라본다.

신호등이 안 보일 때

운전하다 신호등이 안 보이는 것은
늙어 시력이 나빠서만은 아니다
삶에 위기가 왔다는
주님의 신호이다
빨간 불도 파란 불도 안 보이는 것은
조급하거나 분노할 때이다
눈은 마음의 거울
마음에 따라 눈뜬 맹인이 되니
사물을 바로 보려면
마음을 비우고 마음의 핸들을
바로 운전해야 한다.

망각

과거의 미움일랑
모두모두
망각의 바다에 던지고
홀가분하게
미래로 향한다

그런데 가끔씩 떠오르는
저 바다의 거품 속에는
아직도 남아 있는
미움의 뿌리

이제는 잊고 싶은데
과거로부터 자유롭고 싶은데
왜 망각의 바다는
그렇게도 넓은가

미움은 죽음보다 강하고
망각은 영원히 살아 숨쉰다.

미움

미움은 불꽃보다
강하고 뜨겁다
활화산처럼
폭발하기도 한다
때로는 휴화산처럼
잠잠하지만
그러나 그 속에는 언제나 용암이 들끓는다
미움은 남을 해하기 전
먼저 자신에게
견딜 수 없는 쓰라림과
잠 못 이루는 밤을 가져다준다
그러기에 미움의 불길은
빨리 끌수록 좋다.

분노

이제는 분노마저 사라진 내게
남은 것은 무엇인가
위선과 미움, 타협과 포기
이렇게 나는 죽어 가는가
하늘이 열리고
별들이 포도알처럼 떨어지면
나는 젊은 시절의 분노가 다시 열린다
산다는 것, 그것은 분노의 폭발이다
불의한 사회에 대한 분노
세속에 물들어 가는 자신에 대한 분노
그것이 살아 있는 동안
나는 화산처럼 폭발하는 자신을 보면서
행복이 무엇인지 하나씩 찾아본다.

의미와 무의미

세상에 의미 있는 것 어디 있나
다 무의미한 것뿐이지
무의미한 것 어디 있나
따지고 보면 다 의미가 있지
결국 의미나 무의미나 마찬가지
모든 건 보기 나름이야
똑같은 것에서
누구는 의미를 찾고
어떤 이는 무의미를 찾지
보려는 열망과 끈기만 있으면
그래서 모든 건 보기 나름이야.

자존심

그것 하나만으로 살아왔는데
이제는 그것도 버려야 하니
기왕에 버릴 바에는 빨리 버리고
자유롭고 싶구나.

하루의 꿈

남녀 구별 없고
계급 빈부의 차이도 없이
모두가 형제처럼 사는
그런 곳에서 살고 싶어요

전쟁도 미움 슬픔도 없는
그런 나라에서
서로 돕고
사랑하며 살고 싶어요

모이면 노래하고
춤추며 사는
그런 나라에서
하루만이라도 살고 싶어요.

제자리

모든 것은 다 제자리가 있습니다
그 자리에 앉기까지
모든 것은 계속 흔들립니다
당신이 불안한 것은
지금 제자리에 있지 않기 때문입니다
사람들은 제자리를 몰라
남의 자리에 앉아 있고
그곳에 안주하려 합니다
빨리 제자리를 찾으면
그만큼 당신의 안정도
빨라질 것입니다.

책임

책임진다는 것은
명예로운 것이지만
언제나 무거운 짐이다
아무도 져 주지 않는
혼자만의 고독과
싸워야 하고
좌절도 겪어야 한다
그래서 평안을 원하는 사람은
결코 책임을 지지 않는다.

추락에는 날개가 필요 없다

새가 나는 것은
날개만으로 되는 것은 아니다
수많은 연습과 노력의 작품이다
그러나 추락에는 날개가 필요 없다
있다 해도
날고 싶은 의지와 욕망이 없다면
날개는 장식일 뿐
추락은 순간
한두 가지 이유만으로
추락하는 것은 아니다
추락할 수밖에 없는
이유가 있기 때문이다.

침묵의 언어

마음을 벗어날 수 있다면
침묵의 언어는 값진 것입니다
침묵의 언어를 이해할 수 있다면
지혜로운 사람입니다
그러나 침묵의 언어를
이해할 수 없다면
아무리 말해도 그 사람은
이해하지 못합니다
다만 느낄 수 있을 뿐입니다

깊이 흐르는 강물처럼
침묵 속에서
서로 말할 수 없습니다
생각하는 것과 느끼는 것이
서로 다르듯
마음의 언어는
오직 침묵 속에서만
이해할 수 있습니다.

후회

지난 세월
되돌릴 수 있다면
지금의 나보다
더 행복할 수 있을까

지난 세월
되돌릴 수 없다면
차라리 지금의 나로 만족하고
내일만을 향해 걸어가리라.

침묵

침묵은 결코
잠잠히 말없는 것이
아닙니다
그것은 외모일 뿐입니다

그 속에 들끓고 있는
언제 폭발할지
그 기회를 기다리고 있는
분노일 뿐입니다

중동에서 들끓고 있는
민주화의 분노는
바로 침묵이란 이름의
가면입니다

침묵은 결코
잠잠히 말없는 것이
아닙니다

침묵은 언제나 터질 수 있는
우리의 힘입니다.

함께하면

행복도 성공도
함께하면 온다네

함께하면 모든 게 쉽고
함께하면 어떤 역경도
참을 수 있다네

함께함의 원리는
세상 살아가는
하늘의 열쇠라네.

독방

온갖 잡념도
독방에는 존재하지 않는다
무한한 대자연 속에
나의 작은 물체가
물거품처럼 떠 있는 모습이
마지막 몸부림으로 남고
뭔가 남기고 싶지만
그 욕심마저
독방에는 한낮 꿈일 뿐이다.

4부

바람처럼 그렇게

강물 소리 들으며 • 나무가 되고 싶어요 • 나는 알 수 있어요 • 낙엽 소리 들으며 • 온통 파랗기를 • 다리 • 문 앞에 누구 있나 • 미꾸라지 한 마리 • 바다는 • 바람과 비 • 바람으로 찾아오는 임 • 바람이고 싶어요 • 바람처럼 그렇게 • 밤 • 밥 • 봄이 오는 길목에는 • 봄이 오는 길목에서 • 소나기 • 소나무 좋고 좋구나 • 소낙비 • 함박꽃 • 호수 • 환영회

강물 소리 들으며

강물은 끝없이 흐르지만
결코 자랑하지 않습니다
강물은 말하지 않고
자기 뜻 고집하지 않지만
결코 포기하지도 않습니다

한없이 흐르는 강물 앞에서
어린아이 된 나는
길고 험난했던
역사의 소리를 듣습니다

내가 자연의 일부인 것도 모르고
훼손하고 더럽혔던 그 어리석음을
이제는 나의 어머니가 된 대지 위에서
고요히 흐르는 강물 소리 들으며
함께 흐르고 흘러 바다로 갑니다.

나무가 되고 싶어요

오늘처럼 무더운 날이면
그늘 만들어 주는
나무가 되어
임이 와 앉을 때
시원한 그늘 만들고 싶어요

추운 겨울이 오면
온 가지 늘어뜨려 울타리 만들어
임을 따뜻하게 해주는
이불이 되고 싶어요

임이 피곤에 지치면
잠깐이라도 누워 쉴 수 있는
나무 침대가 되고 싶어요

비 오는 날에는
두 손 벌려 큰 우산 만들어
우리 임 비 맞지 않도록
해주고 싶어요

그러다 내가 늙어
아무 쓸모 없는 고목이 되면
나는 베어져 토막이 되고
그곳에 임이 앉고 쉴
작은 의자로
영원히 남고 싶어요.

나는 알 수 있어요

나는 알 수 있어요
임은 보이지 않아도
흔들리는 나뭇가지에서
임의 손길 볼 수 있고
떨어지는 빗물 속에서
임의 눈물 볼 수 있어요

꽃밭에 앉으면
향수 뿌린 임의 냄새가
황홀케 해줘요
바람은 보이지 않아도
그의 모습은
언제나 알 수 있어요.

낙엽 소리 들으며

바람 따라 흘러간 세월 속에도
잊히지 않는 아픔은
해마다 꽃 되어 피어난다
인사라도 할까 해 곁으로 가지만
싫다는 듯 고개만 좌우로 끄덕이고
먼 훗날 되돌아와 보니
남은 상처는 낙엽 되어
이리저리 뒹굴며
지나는 사람들에게 무자비하게 밟힌다
이제는 거름이라도 되어
한 송이 꽃 피우고 싶구나.

온통 파랗기를

하늘은 파랗고
산도 파랗고
땅도 파랗고
내 가슴도 파랗고
입에서 나오는 모든 말도
온통 파랗기를
그러기를 원합니다.

다리

나는 다리
섬과 섬, 섬과 대륙을
연결해 주고
너와 나를 이어주는
그래서 누구도
외롭지 않게 해주는
나는 다리입니다.

문 앞에 누구 있나

모두 떠났는데
누군가 문 두드린다
아무리 문틈으로
둘러보아도
보이는 이 없는데
문득 새 한 마리
날개 퍼득이며 날아가고
바람 소리에
낙엽 떨어지는 소리만 들리네.

미꾸라지 한 마리

실개천 진흙 속에 살던
미꾸라지 한 마리
바다로 나와
어디로 갈지 몰라 헤매네
왜 이 먼 바다로 나와
파도에 밀리며 몸부림쳐야 하나
다시 가고픈데
옛날의 실개천 진흙 속으로
다시 가서 살고픈데
너무 나와 있어
다시 갈 수도 없고
고래의 꿈도, 상어의 밥도
될 수 없는
그냥 있는 그대로
파도 이는 바다에서 살리라.

바다는

사람에겐 누구에게나
바다가 있다
언제 풍랑 일지 모르지만
그래도 꿈을 갖게 하는
도전의 바다가 있다

때로는 절망을 갖게도 하지만
내일은 좀 더 낫겠지 하는
꿈의 바다가 있다

이 바다를 건너면
또 다른 바다가 있고
끝없이 계속되는 바다는
작은 눈물의 강들이 모여
만들어낸
우리 모두의 역사의 기록이다.

바람과 비

꽃잎에 부는 바람
우리 임의 숨결인가
손 들고 이별함이
못내 아쉬워
소나기 한 줄기
온 땅 적신다.

바람으로 찾아오는 임

아침 되어 문 두드리는 소리
창문 열어 보지만
이미 임은 떠난 뒤입니다

다음엔 꼭 만나야겠다 싶어
창문 열고 기다리지만
임은 다시 오지 않고
낙엽 한 잎만 방에 날아옵니다
편지 기다린다는 신호에
저는 밖으로 뛰어나가지만
계속 쏟아지는 폭우뿐
우산 든 내 옷만 빗방울로 젖어 오고
이제는 날 잊었는가 싶어
들어와 잠들 때
다시 창문 흔드는 바람 소리에
깨어 나가 보지만 임은 보이지 않고
어두운 적막만 기다립니다.

바람이고 싶어요

한 곳에 머물지 않고
끝없이 떠도는
바람이고 싶어요

온 세상 떠도는
그런 바람이고 싶어요

국경도 나눔도 없는
누구도 차별하지 않고
가고 싶은 곳 어디나 가는
그런 바람이고 싶어요.

바람처럼 그렇게

바람처럼 살다가
바람처럼 그렇게 가고 싶어요
더위를 피하는 아이들에겐
미풍으로 다가서고
불의를 저지르는 사람들에겐
폭풍으로 변하는
그런 바람이고 싶어요
한 곳에 머물지 않고
끝없이 다니며
자연을 벗삼아 노래하는
그런, 그런 바람이고 싶어요.

밤

별이 빛나는 밤이면
갈대숲 우거진 호숫가로 가
임과 밀어를 나눈다

추해진 얼굴 서로 보이지 않으려
호수에 비친 모습만 보며
그 옛날의 아름다운 기억 떠올리고
이렇게 밀어를 나누다 보면
어느새 밤은 지나고
우리는 별들이 되어
각자의 집으로 가야만 한다

호수 위에는 서로 나눈 밀어들이
흔들리는 바람에 하나씩 지워지고
갈잎에 쓴 작은 사연들만
호수 위에 나부낀다.

밥

밥할 때면 언제나
어머니의 땀 냄새가 나고
밥 먹을 때엔
어머니의 젖처럼
달착지근한데
나의 생명의 탯줄인
밥 끊을 때엔
또 다른 세상이 올까.

봄이 오는 길목에는

가지 않겠다고
몸부림치는 동장군을
바람으로 쫓아내고
가지마다 웅크린 망울들을
그리움으로 맞이한다
아무리 시샘해도
봄이 오는 길목에는
멀리서 풍겨오는 꽃 내음으로
봄의 잔치는 시작된다.

봄이 오는 길목에서

사랑하는 임 기다리는
젊은 아낙네처럼
오솔길 뚫린
저 산 너머 바라본다

빗방울이라도 떨어지면
오시는 임의 옷 젖을까 해
우산 들고 기다리면
여기저기 꽃망울 터지는 소리가
임 오는 발자국 소리 같아
봄이 오는 길목에서
이 산 저 산
꽃 편지 띄워 보낸다.

소나기

왠 성격 그렇게도 급할까
갑자기 내려 쏟아지니
임을 향한 나의 사랑도
저렇게 변덕스러운지
못내 두려워지네

하늘은 여전히 먹통인데
소나기 한 줄기 내리면
임 오실까
참지 못해 갈팡질팡하는데
멀리서 불어오는 바람 한 줄기
임 맞으러 우산도 없이
길가로 나간다.

소나무

새벽이 오는 길목
소나무 한 그루
친구들 온데간데없고
너만 홀로 남았구나
주름살만 남은
마른 가지 위
이름 모를 새들뿐
답장 기다리는 편지만
소복이 쌓였네.

좋고 좋구나

아직도 건강해서 좋고
할 일 있어 좋고
살아 있어 더욱 좋구나

하늘이 푸르러 좋고
구름이 낙조 만들어 주니 좋고
바람까지 불고
비까지 와서 청소해 주니 더욱 좋구나
아무 데도 매이지 않으니 좋고
욕먹을 날이 얼마 남지 않으니 좋고
이래저래 좋고 좋구나.

소낙비

이가 시려 뱉었나
소나기 한 줄기
얼마나 마셨기에
밤새 싸지르노
돌아가신 울 아빠
못내 보고파
어제도 오늘도
계속 웁니다.

함박꽃

한여름 시작되는 6월
함박꽃 활짝 피었네
곱게 핀 꽃 속에
간직한 그 사랑
해마다 피고 또 피어
영원히 간직하리.

호수

바람 불면
내 얼굴 볼 수 없지만
잔잔해지면
언제나 환히 보여요
그 옆에 보이는 건
임의 얼굴
그때가
정말이지 행복합니다.

환영회

모기들 환영회 열고
파티를 한다
초청받아 갔더니
이놈저놈 다 와서
손에도 발에도
키스를 한다

어찌나 심하게 했는지
퉁퉁 부어 견딜 수 없구나
환영회라고
무조건 간 게 잘못이었지
누구를 탓한들 뭘 하겠나.

5부
내가 할 수 있는 건

혼자 설 수 없어요 • 경건의 시간 • 기도 • 내가 할 수 있는 건 •

눈물-1 • 당신은 나의 전부입니다 • 당신은 어디 계시나요 • 만남

• 미소를 지으세요 • 바보 • 빈 마음 • 사랑하는 나의 아버지 • 침

묵 속에서 • 십자가 • 어둠 속에서 • 소중한 당신 • 이력서 • 주님

나를 잡아 주세요 • 훨훨 다니고 싶어요 • 아무것도 몰라요

혼자 설 수 없어요

두 발이 있는데도
혼자 설 수 없어요
섰다 하는 순간
저는 넘어지고 말아요
알았다고 생각한 모든 것이
잘못된 것을 아는 순간
벌렁 주저앉는답니다
저는 혼자 설 수 없어요
주님의 강한 손길 없이는
설 수도 앉을 수도 없는
아가랍니다
저를 잡아주세요
주님의 강한 손으로
저를 꼭 잡아주세요
다시 걸음마 배우는
아가처럼
바로 걷게 해주세요
똑바로 걷게 해주세요.

경건의 시간

돌이켜보면
가장 경건했던 때는
순탄했던 때가 아닌
역경의 때였습니다
주님 앞에 무릎을 꿇고
할 말도 못한 채
눈물만 흘렸던 때였습니다

그러나 더 경건했던 때는
주님께 시로 회개하고
명상하며
저의 마음을 드릴 때였습니다
시는 저의 기도요 찬송이요
사랑의 고백이었기 때문입니다.

기도

기도한다고
금방 환경이 변화되는 것 아니야
여전히 세상은 있는 그대로 있어

기도는 다만
새 세계 보게 하여
하나님의 입장에 서게 하고
우리 입장과 생각을 변화시켜
마침내 새 환경 만들어줄 뿐이야

이렇게 하나님의 역사는
언제나 우리의 기도를 통해
하나씩 이루어 간다.

내가 할 수 있는 건

내가 할 수 있는 건
하나도 없네
내가 할 수 있는 건
아가처럼 엎드려 우는 것뿐
그것밖에는 없네

내가 이처럼 무능함을
좀 더 일찍 깨우쳤다면
정말 사람답게 살았을 텐데
내 모습 이제야 보니
정말 한심하네

내가 할 수 있는 건
아가처럼 엎드려 우는 것뿐
그것밖에는 아무것도 없네
아무것도 없네.

눈물-1

나는 남을 위해
얼마나 울었는가
나의 죄를 회개하며
얼마나 울었는가

괴롭다고 힘들다고
찔끔찔끔 울면서도
나라와 민족 위해
울지 못한 나는
언제 한번
제대로 울어 보았는가

눈물샘 주머니가 마르도록
교회와 민족 위해 울면서
주님 앞에 엎드리게 하소서
주님이 내 눈물 닦아줄 때까지
제2의 예레미야가 되게 하소서.

당신은 나의 전부입니다

내가 사는 것은
오직 당신 때문입니다
이제는 더 이룰 것도
원하는 것도 없습니다

세상 어디를 보아도
허무한 것뿐
영원한 것이 없습니다
그러나 당신이 있기에
나는 행복합니다

사는 의미도 해야 할 일도
다 당신 안에 있기 때문입니다
내가 찾는 모든 것이
다 당신 안에 있습니다
그러기에 세상의 모든 것 다 잃어도
당신만 있으면 나는 만족합니다.

당신은 어디 계시나요

어린 아가 엄마의 젖무덤 찾아
밤새 헤매듯
내가 찾고 있는 당신은
지금 어디 계시나요

손으로 당신이 옆에 있음을
확인하고 또 확인하면서
당신의 숨소리에
나는 안심하고 깊은 잠 잡니다

당신으로부터
떨어져 있으면서도
당신의 사랑과 함께 계심을
언제 확신하게 될까요

오늘도 나는 어린 아가처럼
당신을 찾고 또 찾으며
보이지 않을 때는 울음을 터뜨리고
이리저리 찾아 헤맨답니다.

만남

의식의 거대한 환상 속에서
임은 나를 만나주고
때로는 깊은 이야기 나눕니다
그는 말씀하기보다
듣기를 좋아하십니다
나의 말 같지 않은 말에도
결코 싫증내지 않으시고
아가의 말을 들어주는
엄마처럼 기특하다는 듯
항상 웃으십니다

그래서 세상에 싫증날 때면
언제나 나는 임을 만나러 갑니다.

미소를 지으세요

주님이 당신을 사랑하시는데
왜 슬퍼하시나요
마음의 거울
얼굴에 미소 지어 보세요

주님이 당신을 인도하시는데
왜 방황하며 낙심하나요
얼굴에 미소 지으시면
앞길이 환하게 보인답니다

미소는 모든 사람들에게
행복의 기쁨을 만들어주는
영약입니다

미소가 당신의 얼굴에 있는 한
아무도 당신의 행복 빼앗지 못해요
얼굴에 미소를 지으세요
미소는 당신을 위한
행복의 보증수표입니다.

바보

나는 바보입니다
세상 사는 이치도 모르고
사람들 보아도
유익이 될 사람인지
해가 될 사람인지
전혀 구별을 못합니다
어디로 가는 것이 옳은지
무엇을 해야 할는지도 모르는
나는 나는 바보입니다
그런데도 지금까지
살아온 것 보면
하나님의 은혜입니다
바보인 나에게 보게 하시고
알게도 하시는
하나님의 은혜입니다.

빈 마음

너무 꽉 차 있네요
내 마음이
세상 것으로 차 있네요
다 비우고 싶어요
그 안에 오직 당신만으로
채우고 싶어요

오직 당신만이
나의 주님이시기에
당신만을 섬기고 찬양하며
언제나 함께하고 싶어요
오 주님 나의 주님
나의 빈 마음을
당신으로 채워 주시고
노래하게 해주세요.

사랑하는 나의 아버지

내가 교만할 때마다
채찍질하며 가르치시는
사랑하는 나의 아버지
내가 낮은 자세로 엎드릴 때까지
당신은 나를
그냥 두지 않으십니다
좀 더 겸손해지라고 인내하라고
나를 채찍질하시는
사랑하는 나의 아버지.

침묵 속에서

쓸모없는 말로
남의 마음 어지럽히기보다는
차라리 침묵하게 하소서

침묵 속에서 들려오는
당신의 세미한 소리를 듣게 하소서

한두 마디의 말로 항상 찾아오는
당신 말씀 앞에
나의 말이 얼마나 번거로운가를
미처 헤아리지 못한 것을
이제야 깨닫습니다

하늘도 땅도 산도 나무도
모두가 침묵 속에서
들려주는 그 아름다운 언어들을
이제는 듣게 하소서
이제는 침묵의 말을 하게 하소서.

십자가

아무도 질 수 없는
오직 나만 져야 하는 짐
그것이 십자가입니다

가족도 함께 질 수 없고
주님마저 고개를 돌린 그 짐
그것이 나의 십자가입니다

살 수도 죽을 수도 없는
그렇다고 누구에게 말할 수도 없는
그 짐
그것이 내 몫의 십자가입니다

앞으로 갈 수도 비켜 갈 수도
그렇다고 뒤로 물러설 수도 없는
그 길이 바로 십자가입니다

그래서 나는 아가처럼

울기만 합니다
울다 지치면 임이 오실까 해
발버둥치며 울기만 합니다.

어둠 속에서

주변을 아무리 둘러보아도
욕하고 괴롭히는 사람들뿐
당신은 보이지 않아
혼자서 눈물만 흘립니다
당신의 음성마저 외면하는 것 같아
더욱 외롭습니다

길가의 벌레들처럼
발길에 차이는 돌처럼
밟히고 차이기만 할 뿐
그래서 좌절하기도 합니다

그때 문득 창틈으로 비쳐 오는
햇살을 보면서
세상이 전부 어둠이
아닌 걸 알았습니다

내 눈으로 보지 못하고

확인하지 못한다고
의심했던 저를 용서하소서
눈이 어두워 당신을 보지 못해도
항상 함께하심을 믿게 하소서.

소중한 당신

아무리 봐도
주변을 아무리 둘러봐도
나를 결코 버리지 않는 당신은
참으로 소중한 분입니다

세월이 변해
모두 필요 없다고 나를 버려도
당신은 나를 귀히 여기시니
내게는 당신이 소중합니다
무엇과도 바꿀 수 없는
소중한 당신입니다.

이력서

낙서처럼
막 써 내려간 종이 위에는
부끄러운 나의 과거가
지울 수 없게 나열되어 있다

어떻게 해야 하나
다시 만들 수도 없는 나의 과거는
상처뿐인 얼굴
아무리 화장하고 성형수술해도
아 나는 못난이

그래도 날 사랑하는 주님
날 무엇에 쓰시려 하시나
천국 문지기라도 좋으니
당신의 종만 되게 하소서
버리지만 말아 주소서.

주님 나를 잡아 주세요

주님 나를 잡아 주세요
혼자 설 수 없으니 나를 잡아 주세요
자꾸만 넘어지오니 나를 잡아 주세요
나를 잡아 주시면 나는 설 수 있어요
나를 잡아 주시면 어디든 갈 수 있어요

주님 나를 인도해 주세요
혼자 갈 수 없으니 인도해 주세요
자꾸만 곁길로 가오니 인도해 주세요
나를 인도해 주시면 나는 갈 수 있어요
나를 인도해 주시면 모든 것 할 수 있어요

주님 내 안에 거해 주세요
죄로 얼룩진 몸이오나 내 안에 계셔 주세요
내 안에 계시면 나는 이길 수 있어요
비 오고 바람 부는 날이지만 나는 할 수 있어요
내 안에 계시면 나는 모든 것 이길 수 있어요.

훨훨 다니고 싶어요

당신은 내게 수많은 것 주셨는데
나는 아무것도 줄 것이 없네요
내 딴엔 이것저것 많이 했는데
살펴보면 냄새나는 쓰레기일 뿐
그런데 나는 큰일이라도 한 것처럼
우쭐하며 나대었으니
오 주여 이제야 깨닫고
눈물 흘립니다
이제는 그동안 했던 모든 것 다 버리고
빈손으로 당신 손만 잡고서
아가처럼 다니렵니다
세상 끝까지 훨훨 다니렵니다.

아무것도 몰라요

나는 몰라요
아무것도 몰라요
전에는 좀 안다고 생각했는데
이제 와 보니 아는 게 없네요

수많은 책을 읽고
수많은 토론을 했지만
내가 어디에 있는지
어디로 가고 있는지
아무것도 몰라요

내가 아는 건
지금 내가 살아 있다는 것
그리고 매일 죽어 가고 있다는 것
그래서 더욱 괴로워요
저 하늘처럼 항상 푸르고픈데
안개만 잔뜩 끼었으니
폭풍 같은 바람이 와

모든 안개를 걷어 가기를
바라고 기도합니다.

6부

그리움 때문에

죽고 싶을 만큼 • 사랑-1 • 사랑-2 • 사랑이란 • 사랑의 화살 • 사랑의 굴레 • 사랑은 환상인가 봐 • 사랑은 운명인가 봐 • 작은 소원 있어요 • 세상은 아름답다 • 임은 갔습니다 • 기다림-1 • 기다림-2 • 기다리고 있는 건 • 그저 좋아요 • 그대 있으매 • 너무 슬퍼하지 마세요 • 남기고 싶은 것은 • 길목에 서면 • 그리움 때문에

죽고 싶을 만큼

죽고 싶을 만큼
절망을 해보지 않았다면
아직도 당신은
절망이 뭔지 모르십니다

죽고 싶을 만큼
사랑해 보지 않았다면
아직도 당신은
사랑이 뭔지 모르십니다

진정한 절망과 사랑은
죽음에서 시작됩니다
그러기에 죽고 싶을 만큼
절망과 사랑을 해보지 않은 사람은
아직도 환상일 뿐
진실이 아닙니다.

사랑-1

얼굴도 없는 당신은
참으로 마술사입니다
아무리 미워하다가도
당신만 있으면
봄눈처럼 녹아지고
모두를 그립게 합니다

당신이 최초로 만든 사람
어머니였기에
아무리 악한 사람도
제 자식은 사랑합니다
그러기에 얼굴도 없는
이름뿐인 당신은
모든 것의
모든 것이 됩니다.

사랑-2

수없이 당신을 불러 보지만
수많은 형태로
나타나는 당신은
주소를 알 수 없습니다

당신이 있을 때는
그처럼 화목했던 가정도
당신 떠나면
잔인하게도 언제나 슬퍼집니다

당신 있으매 행복은 찾아오고
따스한 봄은
언제나 찾아옵니다.

사랑이란

사랑이란
잔인하게도 눈뜬 사람은
못 보게 하고
눈먼 사람은 보게 하는
마술사의 지팡이

멀리 하면 추워 못 견디고
가까이 하면 뜨거워
온통 타 버리게 하는
가질 수도 버릴 수도 없는
요지경 같은 것.

사랑의 화살

당신이 쏜 화살이
내 가슴에 명중한 후
나는 사랑의 포로가 되어
당신밖에는
아무것도 보이지 않습니다

어디를 보나 당신뿐
당신에 대한 사랑이
더욱 깊어지는 것은
나의 약점까지도
사랑해 주시기 때문입니다

아무도 날 눈여겨보지 않지만
언제나 당신의 눈은
나를 바라보시며
방황할 때에도
당신의 손으로 붙잡아 주십니다.

사랑의 굴레

사랑은 자신을 노예로 바치는
희생 제사입니다
부모는 자식을 위해
남편은 아내를 위해
종이 되겠다는 약속이
사랑의 고백입니다
그러기에 좋다고 사랑한다는 것은
사랑의 모독입니다
이런 이기적 사랑으로 인해
세상은 어지러워지고
가정은 깨어집니다
스스로 굴레를 메고
스스로 희생하는 노예왕국이
하나님의 나라입니다.

사랑은 환상인가 봐

열정을 가지고 사랑했지만
그것은 환상일 뿐
남은 것은 무거운 짐이었습니다
그냥 소멸해 가는 자신을
그냥 둘 수 없어
사랑하고 사랑해 보지만
환상을 확인할 뿐
구름처럼 왔다
바람처럼 사라지는 환상입니다.

사랑은 운명인가 봐

(1)
사랑은 사람을 태워요
자신도 다른 사람도
주변의 모든 것 다 태워요
한 줌의 재만 남기고
그처럼 아끼던 모든 것을

거기에 함박꽃 한 송이
어느덧 피어나고
괴로웠던 모든 추억
나누었던 수많은 밀어들이
시 낭송처럼 잔잔하게 들려와요

사랑은 사람을 태우는 요원의 불길
오직 함박꽃 한 송이 꽃피우는
운명일 뿐이에요.

(2)
아무리 몸부림쳐 보아도
어쩔 수 없어요
사랑은 운명인가 봐
의지나 체면이나
아무것도 막을 수 없어요

홍수에 떠내려가는
나무 한 토막처럼
언제인가 강가에 걸려
머물 때도 있겠지만
그때까지는
물결에 떠내려갈 뿐
그 누구도 어쩔 수 없는
하나의 운명인가 봐.

작은 소원 있어요

사랑으로 살다
사랑으로 죽을 수 있다면
얼마나 좋을까

미움과 시기
질투의 끝없는 이기주의로 인해
진흙 속에 빠진 것 같은데
저 하늘의 별처럼 빛나고픈 마음
구름마저 날 가리고 있으니
이렇게 나는 가야만 하는가

하늘의 구름아
나의 마지막 소원 들어다오
바람 불어 하늘 맑게 하여
임의 얼굴 보게 하여라

이제 눈물은 말라 버리고
목은 쉬어 말할 수 없지만

마지막 노래를 부르다
별똥 되어 사라지고 싶구나.

세상은 아름답다

해가 진 밤이라 해도
하늘에 달이 비치는 한
세상은 아름답다

달마저 없는 하늘이라 해도
별이 비치는 한
여전히 세상은 아름답다

별마저 구름으로 가려 있어도
내 마음의 영혼이
불타고 있는 한
여전히 세상은 아름답다

내 영혼의 불꽃이 사라진 뒤에도
임이 함께 계신 한
세상은 언제나 아름답다.

임은 갔습니다

임은 갔습니다
나는 보내지 않았지만
나의 사랑하는 임은
한마디 말도 없이
어제처럼 훌쩍 떠났습니다
가는 임을 붙들려 했지만
내 손이 짧아
잡지를 못했습니다

잡지 못한 내 손길이
원망스러워 눈을 감았지만
임은 다시 보이지 않았습니다.

기다림-1

기다림으로 설레던
그날들이
이제는 꿈만 같은데
세월은 이렇게
속절없이 흘러가네요

버릴 수 없는 나의 과거이기에
오늘도 나의 기다림은
아직도 계속되는 나의 현주소
그래서 나는 행복합니다.

기다림-2

기다림으로 보낸 세월
그 얼마던가
기다린다고 이루어질까
무작정 기다려야 하니
기다리다 지치면
그 임 오실까
한 가닥 꿈을 꾸며
날 새기만 기다리네.

기다리고 있는 건

어제도 안 오시고
오늘도 안 오셨지만
그래도 내 마음 설레며
기다리고 있는 건
오시겠다는
임의 약속 때문입니다

무슨 사정 있겠지
어떤 이유 있겠지 하면서
오실 임 맞을 준비로
마음만 분주합니다

혹여나 비 내릴까 해
우산 들고 서 있는 것도
임의 옷 얼룩질까 봐
두려워서입니다

오늘을 살아가는 것은

오로지 오실 임
만나기 위해서입니다
어제도 오늘도 아니 오셨지만
그래도 그 임을
기다리고 또 기다립니다.

그저 좋아요

내가 물으면 그 임은
언제나 좋아요라고 한다
뭐가 좋으냐고 물으면
그저 좋아요, 아주 좋아요라고
아직 말을 배우는 어린 아가처럼
별 말 없지만
그래도 나는 그 아가와 함께
산길 오르는 것이 마냥 기쁘다
때로는 가시나무가
때로는 바위가 가로막지만
그래도 함께 걷는 이 걸음이
끝나지 않았으면 한다.

그대 있으매

그대 있으매
호수에 갈매기 날고
하늘이 푸릅니다

그대 있으매
내게는 시가 있고
내일이 기다려집니다

그대로 인해
어제보다 오늘이 행복하고
내 심장은 바람처럼
국경 없이 다닙니다.

너무 슬퍼하지 마세요

너무 슬퍼하지 마세요
내가 있잖아요
당신이 슬퍼하면
나는 숨 쉴 수 없어요

얼굴에 미소를 띠우세요
내가 있잖아요
당신이 웃으면
나는 하늘을 날 것만 같아요

당신은 나의 온도계
당신 표정에 따라
나는 변해요
그러니 슬퍼하지도
울지도 말아요
내가 당신의 기쁨이 되어 줄게요.

남기고 싶은 것은

어쩌다 만나
당신과 내가 되었나
한때의 정열 때문인지
아니면 운명적 만남인지
확실한 건 당신 없는 내가 없고
나 없는 당신이 없다는 것
그래서 이제는 가지와 줄기처럼
서로 뗄 수 없는 연이 되었네

먼 훗날 사람들은
우리를 뭐라 말할까
지금까지도 그러했듯이
나는 남들의 소리에
귀를 기울이지 않아
다만 내가 당신을 진정으로
사랑했다는 것만
영원히 남기고 싶습니다.

길목에 서면

임이 오는 길목에 서면
언젠가는 만날 수 있을까
못 만나도 임의 그림자만은
볼 수 있겠지

임이 가는 길목에 서면
뒷모습이라도 볼 수 있을까
못 보아도 임의 소식만은
들을 수 있겠지

임이 오가는 길목에 서면
언젠가 그 사랑 이루어지겠지.

그리움 때문에

수평선 저 너머에는
누가 살고 있기에
파도 소리와 함께 밀려오는
그리움 때문에
물새들은 그렇게 날아왔는가

바닷가 저 너머에는
누가 기다리고 있기에
아무도 없는 바닷가에
부서져 밀려오는
그리움 때문에
바람은 그처럼 세차게 불어왔는가.

7부

착각 속에서

천사원 • 천사원에서 • 천사원의 노래 • 성탄절 아침에 • 인더스의 강물

• 착각 속에서 • 쥐와의 전쟁 • 쥐 • 벌레들의 시위 • 도마뱀 • 눈물 •

까마귀 소리 • 까마귀 • 겁 많은 전기 • 개 팔자 상팔자

천사원

양평 산골짜기
깊숙한 곳
천사들이 머무는
이름하여 양평 천사원

어쩌다 사람들 찾아오며
세상 욕심, 미움
버리고 가는 곳
흙탕물 흐르지만
그것 마시며
행복해하는 해맑은
어린 눈동자에는
에덴동산에
버리고 간 웃음이
그치지 않는다.

천사원에서

뇌성마비라고
부모마저 버리고 간
인간쓰레기장
그래도 천사들이
남겨 놓고 간
작은 행복을 나누며
예쁘다고 머리 쓰다듬는
원장의 손길에는
우리 모두가 잃어버린
그 옛날의 행복이 있다.

천사원의 노래

우리에게도 노래는 있어요
남들처럼 앉아서
부르진 못해도
온몸으로 부르는 노래가
시작과 끝은 제각기 달라도
하나님 기뻐하실
노래는 부를 수 있어요

서로의 얼굴을 보고
킬킬거리며
부르는 노래지만
남들이 모를
우리만의
행복과 기쁨은 있어요.

성탄절 아침에

"기무다 그주 오션네
만 백정 마지라"
발음은 틀려도
마음은 하나
예수님 오신 이 날이 너무 기뻐
춤추며 부르는 아이들의 노래는
어떤 추위도 녹일 수 있어요
평생 앉아 보지 못하고
베개에 기대 누워 있어도
아기 예수님 오심을
기뻐 찬양하는 모습은
천사의 모습과 같아요.

인더스의 강물

소리 없이 흐르는
인더스 강물은
수많은 수드라와
달리트의 눈물이어라

삼천여 년 동안 참고 참아
이제는 기력마저 없는
그 눈물 속에는
얼마나 많은 사연 있기에
아직도 마르지 못할까

언젠가 그 누가
그 소리 사연 적어
그들의 아픔을 풀어 줄까

나는 그 소리만 들을 뿐
할 말을 잊어 타고르 형을
부르고 또 불러봅니다.

착각 속에서

인도에 선교사로 온 것은
순전히 저의 착각이었습니다
무얼 가르칠 거라고
무얼 줄 수 있을 거라고
착각했기 때문입니다

그런데 지금의 저는
가르치기는커녕
그냥 살아남기 위해
안간힘을 써야 하는
아주 미약한 존재일 뿐

그러나 하나님께서는
결코 착각하지 않으셨습니다
무엇이 필요한지
무얼 더 배워야 하는지
미리 알고
준비하셨기 때문입니다

그러기에 저의 착각은
영원하신 하나님의
신비한 섭리였습니다.

쥐와의 전쟁

나는 중대 결심을 하고
쥐와의 전쟁을 선포했다
서로간의 구역을 설정하고
공존하려 했지만
내 지역을 침범하는 이상
더 이상 묵고할 수만은 없다

새로 수리한 천장을 뚫고 내려와
먹지도 않으면서
이것저것 쪼아만 놓고 가는 배신자들
왜 먹지도 않으면서
나도 먹지 못하게
쪼아만 놓고 가는가

이제는 약물이라도 뿌려
더 이상 나를
깔보지 않게 하련다.

쥐

밤에 분명
도적이 왔다
쓰레기통의 과일 껍질이
흩어져 있고
바나나가 반쯤 없어졌다

그런데도 귀중품 하나
손대지 않고 갔으니
양심은 있지 않나
오늘 밤엔
도적 두목과 협상이라도 해
곤충의 왕국 인도까지 와서
쥐잡기 전쟁은 피하고 싶다.

벌레들의 시위

팔 위로 무언가
올라오는 것 같다
다음에는 다리 위로

보고 싶지만
전기가 있어야 보지
손과 발이 가려워
두 손으로 치고 또 친다
마침 전기 들어와 보니
수많은 작은 개미들이
여기저기 이불 위로
기어다닌다

이렇게 닥치는 대로
잡고 잡으니 이십여 마리
새벽 되어 비로소 잠이 들면
인도에도 여전히 아침은 온다.

도마뱀

작년에 만났던
그 도마뱀
목욕탕에 또 나타났네

거실에 없기에
어디로 갔나 했는데
잊지 않고
또 찾아와 주니
정말 반갑구나

아무래도 금년에는
너 짝지어
더 많은 친구
만들어야겠다.

눈물

별마저 없는
외로운 밤이면
혼자 소리내어 웁니다

인도에 와서야 비로소
산다는 것이 얼마나
어려운 건지 알고
눈물을 흘립니다

오 주님
이런 눈물 주심을
감사합니다
낮은 곳에만 임하시는 주님을
이곳에 와서 만나 감사합니다
그동안 제게 주셨던 그 모든 영광
다 거두어 가시고
주님이 계신 이 낮은 자리까지
저도 내려가게 하소서.

까마귀 소리

아침마다 우는 까마귀 소리
어제 죽은 달리트를 곡하는
헌화인가
아무도 만나주지 않는
설움을 대신해
이곳저곳에서 까악까악
말로 표현 못해
온통 까맣게 타버린
저 까마귀 소리
언제 멈추어질까.

까마귀

아침저녁으로
짖어대는 까마귀 떼들
한국의 모든 까마귀
인도로 이민 왔나
가난한 나라에
뭐 먹을 게 있다고
건드리는 사람 없으니
늘어만 가는 까마귀 떼들
일 년 사철 푸르른
나무와 꽃 구경하며
방문 앞 나무 위에
떼 지어 앉아
날 친구하자고
오늘도 계속 짖어댄다.

겁 많은 전기

밤에만 잠깐 왔다
금방 도망가는
겁 많은 전기
가지고 온 컴퓨터가
낮잠을 잔다

어쩔 수 없이
명상에 잠겨야 하는
게으른 철학자여
누워 공상이나 실컷 하자꾸나

잠이라도 들면
몰래 찾아오겠지.

개 팔자 상팔자

인도의 골목골목에는
주인 없는 개들이
떼 지어 낮잠을 잔다
엎드려 자지 않고
뒤로 누워 자니
베개라도 만들어 주고 싶지만
나도 그 흔해 빠진
베개 하나 없으니
어떻게 하랴
에라, 나도 그 옆에 누워
함께 낮잠이나 자며
팔자 한번 고쳐 보자.

| 신성종 다섯 번째 시집 |

바람처럼 그렇게

초판 발행일 | 2013년 2월 28일

지은이 | 신성종
펴낸이 | 임만호
펴낸곳 | 창조문예사

등록 | 제16-2770호(2002. 7. 23)
주소 | 135-867 서울 강남구 삼성2동 38-13
전화 | 02)544-3468~9
FAX | 02)511-3920
E-mail | holybooks@naver.com

책임편집 | 임영주
디자인 | 임흥순
제 작 | 임성암
관 리 | 정진수 · 공미경

Printed in Korea
ISBN 978-89-94211-67-1 03810
정가 8,000원

※잘못된 책은 교환하여 드립니다.